Y LLYCHLYNWYR

gan Robert Nicholson a Claire Watts

Ymgynghorydd golygyddol: Gareth Binns, Swyddog Addysg,
Ymddiriedolaeth Archaeolegol Caerefrog
a'r Cyngor dros Archaeoleg Brydeinig

Trosiad Cymraeg: Ieuan Griffith

DREF WEN

CBAC

Cyhoeddwyd dan nawdd
Cynllun Llyfrau Darllen
Cyd–bwyllgor Addysg Cymru.

Cyhoeddwyd gyntaf 1991 gan
Two-Can Publishing Cyf,
27 Cowper Street, Llundain EC2A 4AP
dan y teitl *The Vikings.*

Cyhoeddwyd yn Gymraeg gan Wasg y Dref Wen,
28 Ffordd yr Eglwys, Yr Eglwys Newydd, Caerdydd.

Argraffwyd yn yr Eidal.

Cydnabyddiaeth ffotograffau:
Werner Forman tt.7, 8, 9, 10, 11, 14, 15, 16, 17, 20 (uchaf), 21, 23, 30 (uchaf), 32 (isaf); Toby Maudsley tt.20 (crefft), 22; Ronald Sheridan t.30 (canol); Ymddiriedolaeth Archaeolegol Caerefrog tt.19, 24.

Cydnabyddiaeth darluniau:
Kevin Maddison tt.9, 11, 12, 13, 14, 17, 18, 19, 22, 23, 24; Maxine Hamil *clawr*, tt.25-29.

Cynnwys

Mae pob gair sydd mewn **teip tywyll** wedi ei gynnwys yn yr eirfa.

▼ Sefydlodd Eirik Goch wladfa yn Grønland.

▲ Y Llychlynwyr oedd y bobl gyntaf o Ewrop i gyrraedd America.

Ynys oedd Lindisfarne ac arni fynachlog gyfoethog, ddiamddiffyn a oedd yn darged hawdd i'r Llychlynwyr.

"Ar Fehefin 8 dinistriwyd eglwys Dduw ar Lindisfarne yn druenus gan anrhaith gwŷr digrefydd yn lladd ac yn ysbeilio . . ."

(CRONICL EINGL-SACSONAIDD, 793)

Byd y Llychlynwyr

Cafodd llawer o bobl Ewrop eu cipolwg cyntaf ar y Llychlynwyr pan welsant eu llongau hirion yn hwylio ger eu glannau. Doedd neb yn barod am ymosodiadau'r rhyfelwyr a phrin oedd y gwledydd a allai eu gwrthsefyll. Yn dilyn yr ymosodiadau cyntaf yn 793, ymosododd y Llychlynwyr yn gyson ar bob rhan o ogledd-orllewin Ewrop yn ystod y ddwy ganrif ddilynol.

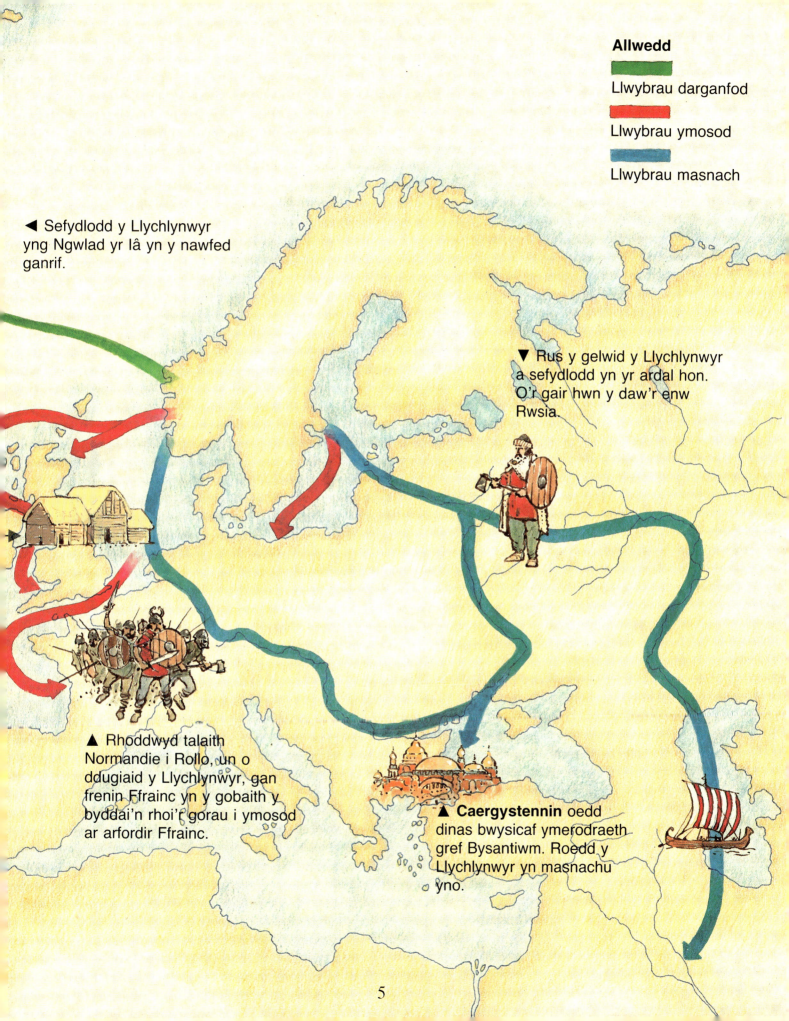

◄ Sefydlodd y Llychlynwyr yng Ngwlad yr Iâ yn y nawfed ganrif.

▼ Rus y gelwid y Llychlynwyr a sefydlodd yn yr ardal hon. O'r gair hwn y daw'r enw Rwsia.

▲ Rhoddwyd talaith Normandie i Rollo, un o ddugiaid y Llychlynwyr, gan frenin Ffrainc yn y gobaith y byddai'n rhoi'r gorau i ymosod ar arfordir Ffrainc.

▲ **Caergystennin** oedd dinas bwysicaf ymerodraeth gref Bysantiwm. Roedd y Llychlynwyr yn masnachu yno.

5

Gwledydd y Llychlynwyr

Y gwledydd a elwir heddiw'n Sweden, Norwy a Denmarc oedd cartre'r Llychlynwyr. Gwledydd oer a llwm ag afonydd dyfnion, mynyddoedd ac arfordiroedd creigiog yw'r rhain. Doedd dim digon o dir ffrwythlon i gynhyrchu bwyd i'r bobl i gyd er eu bod yn pysgota ac yn hela anifeiliaid gwylltion.

Roedd yn well gan lawer o'r Llychlynwyr adael eu cartrefi ac ymgyfoethogi drwy eu medrusrwydd fel morwyr ac ymladdwyr, yn hytrach na cheisio amaethu'r tir llwm.

Roedd tiroedd y Llychlynwyr wedi eu rhannu'n wahanol deyrnasoedd. Weithiau byddai'r brenhinoedd a'r dugiaid yn galw'r **gwŷr rhydd** i gyd i gyfarfod. Byddent yn trafod cynlluniau ar gyfer teithiau i wledydd eraill neu'n ceisio datrys problemau lleol. Byddai'r gwahanol deyrnasoedd yn ymladd â'i gilydd yn aml, yn arbennig dros ddarnau o dir da.

▼ Dynion yn ymgynnull ar gyfer yr **Althing,** prif senedd Gwlad yr Iâ.

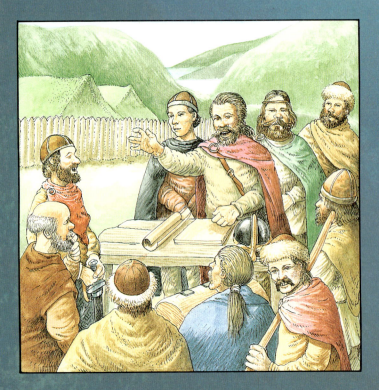

6

▼ Mae dyfroedd dyfnion ffiordau culion **Llychlyn** yn borthladdoedd naturiol dan gamp.

Môr-ladron a Masnachwyr

Môr-ladron

Ymosodai'r Llychlynwyr ar wledydd cyfagos, yn arbennig gwledydd Prydain a Ffrainc, gan ddwyn bwyd a phopeth o werth a chipio pobl i fod yn gaethweision. Roedd pobl oedd yn byw ger y môr neu ar ynysoedd, yn arswydo rhag ymosodiadau'r Llychlynwyr. Ffermwyr oeddynt gan mwyaf a heb arfer eu hamddiffyn eu hunain a'u teuluoedd. Wrth adrodd eu gweddïau byddent yn ychwanegu'r geiriau, "O Dduw, gwared ni rhag llid y **Northmyn.**"

▼ Rhoddid rhaff o amgylch carn cleddyfau'r Llychlynwyr i amddiffyn eu dwylo.

▲ Claddwyd helmau fel hon mewn amryw o gladdfeydd yn Ewrop. Cleddid milwyr gyda'u holl arfau yn aml. Credai'r Llychlynwyr y byddai eu hangen arnynt ar eu taith i'r nefoedd.

Masnachwyr

Weithiau byddai'r Llychlynwyr yn cael bwyd a nwyddau wrth fasnachu yn hytrach nag wrth ymosod ac ysbeilio. Byddai'n well ganddynt fasnachu nag ymosod os byddai'r trigolion yn gryfach na hwy neu'n barod i'w hamddiffyn eu hunain. Teithiai rhai o'u masnachwyr cyn belled i'r de â'r Môr Du i gyfnewid ffwr anifeiliaid, gemwaith a chaethweision am sbeisys a gwinoedd.

► Roedd nwyddau yn cael eu gwerthu yn ôl pwysau aur neu arian yn hytrach nag am nifer o ddarnau arian. Byddai gan fasnachwyr gloriannau bychan i bwyso'r aur neu'r arian. Os byddai'n rhaid rhoi newid byddent yn torri'r darnau arian yn dameidiau llai.

Llongau Hirion

Roedd y Llychlynwyr yn forwyr campus. Teithient yn eu llongau ar lynnoedd, moroedd a ffiordau Llychlyn yn ogystal â morio ymhell o'u gwledydd eu hunain. Roedd y llongau'n cael eu mesur yn ôl nifer y rhwyfau; pedair rhwyf oedd ar y math lleiaf, **faering,** ac roedd tua 32 ar y math mwyaf, y **llong hir.** Gallai llong hir fawr fod tua 30m o hyd a gallai hwylio tua 32km yr awr dan hwyl lawn. Roedd llongau mor bwysig i'r Llychlynwyr nes bod eu hiaith yn cynnwys dwsinau o ffyrdd o ddweud "llong".

Llwyddai'r Llychlynwyr i fordwyo trwy wylio'r sêr a'r haul a chwilio am ynysoedd a mynyddoedd cyfarwydd. Byddent hefyd yn cadw llygad ar adar megis y pâl a'r ffwlmar oedd i'w gweld mewn mannau arbennig ar wahanol dymhorau.

▲ Roedd llongau'r Llychlynwyr ymhlith y rhai cyntaf i gael **cilbren** i'w helpu i dorri'n gyflym drwy'r dŵr ac i'w cadw rhag rholio hyd yn oed ar dywydd garw.

▲ Defnyddiai'r Llychlynwyr rwyfau pan nad oedd digon o wynt neu ar ddyfroedd mewndirol. Eisteddai pob rhwyfwr ar flwch oedd yn cynnwys ei eiddo a sach gysgu ddiddos wedi ei gwneud o groen carw.

▶ Roedd y bylchau rhwng planciau'r llong wedi eu llenwi â gwlân wedi ei drochi mewn tar i gadw'r dŵr allan.

◄ Un hwyl fawr, sgwâr, oedd ar y llong. Câi ei thynnu i lawr ar dywydd gwael a'i rhwymo dros y llong fel pabell i gadw'r criw yn ddiddos. Gwneid yr hwyl o ddeunydd trwchus, garw.

◄ Ar ben blaen llongau'r Llychlynwyr roedd pen draig neu anifail arall wedi ei gerfio'n gywrain. Câi'r llongau eu henwi yn ôl yr hyn a gerfiwyd arnynt, enwau megis "Sarff Hir", "Neidr y Môr" neu "March Cartre'r Iâ."

11

Arwyr

Edmygai'r Llychlynwyr ddynion eofn, dewr.
Milwyr, morwyr neu fforwyr oedd eu harwyr
i gyd. Wrth i gampau'r arwyr gael eu
hadrodd dro ar ôl tro, daeth yr hanesion yn
debycach i chwedlau nag i ffeithiau
hanesyddol.

Leif Eiriksson

Cyrhaeddodd Leif Lwcus, mab Eirik
Goch, ogledd America 500 mlynedd cyn
Columbus. Glaniodd i'r de o
Newfoundland mewn man a alwodd yn
Markland. Teithiodd ymlaen tua'r de i le
o'r enw Vinland a oedd, o bosibl, i'r de
o'r lle y saif Efrog Newydd heddiw. Ar ôl
dwy flynedd gadawodd y Llychlynwyr
America, ar ôl i'r brodorion ymosod
arnynt.

Y Brenin Cnut

Erbyn 1016 roedd Lloegr wedi gwanychu ar
ôl dioddef ymosodiadau'r Llychlynwyr am
200 mlynedd. Ymosododd Cnut, Brenin
Denmarc, ar Loegr a'i goresgyn pan oedd y
Brenin Aethelred newydd farw.

Harald Hardrada

Wrth i fri'r Llychlynwyr gyrraedd pob rhan o Ewrop, cyflogodd llawer o frenhinoedd Lychlynwyr i ymladd yn eu byddinoedd. Roedd gan Ymerawdwr Bysantiwm gatrawd o Lychlynwyr o'r enw'r **Gwarchodlu Varangaidd.** Roedd Harald Hardrada, neu'r Didostur, a ddaeth wedyn yn frenin Norwy, yn aelod o hon. Ef oedd y Llychlynwr olaf i lanio gyda byddin yn Lloegr.

Sagâu a Llythrennau Rwnig

Fyddai plant y Llychlynwyr ddim yn mynd i'r ysgol i gael gwersi. Byddent yn dysgu hanes, daearyddiaeth a morwriaeth wrth wrando ar chwedlau yn adrodd anturiaethau duwiau neu arwyr mawr y Llychlynwyr. **Saga** yw'r enw am chwedl o'r fath. Byddai'r plant yn dysgu hefyd wrth helpu eu rhieni o gwmpas y tŷ a'r fferm.

Byddai chwedleuwyr yn teithio'r wlad i adrodd sagâu mewn gwleddoedd a gwyliau. Roedd galw mawr amdanynt ar nosweithiau oer, tywyll y gaeaf pan fyddai pawb yn eistedd o amgylch y tân.

▲ Câi rhai adeiladau eu haddurno â darluniau o chwedlau enwog. Mae'r cerfiadau pren uchod yn dangos Sigurd y Lladdwr Dreigiau yn ymosod ar ddraig.

▲ Mae'r cerfiad carreg hwn yn darlunio un o chwedlau Odin. Gwelir Odin yn y canol ar y top yn estyn cleddyf i hen ŵr.

Y Futhark

Roedd yr wyddor Lychlynaidd, y **Futhark,** yn gwbl wahanol i'n gwyddor ni. O linellau syth y gwneir y **llythrennau rwnig** bron i gyd. Oherwydd eu bod yn cael eu cerfio mewn pren neu garreg fel rheol roedd cerfio llinellau syth yn haws na cherfio rhai crymion.

▶ Dyma rai o lythrennau rwnig y Futhark, wedi'u gosod allan yn nhrefn yr wyddor Saesneg. Ysgrifennwch eich enw mewn llythrennau rwnig — bydd yn edrych fel côd!

15

Duwiau

Credai'r Llychlynwyr fod llawer o wahanol dduwiau a'u bod yn byw mewn lle o'r enw **Asgard.** Roedd pob un ohonynt yn gyfrifol am rywbeth gwahanol megis rhyfel, teithio neu'r cartref. Roeddynt yn dduwiau hynod o ddynol ac roeddynt yn gallu bod yn farus ac yn eiddigeddus.

Os câi Llychlynwr ei ladd mewn brwydr, disgwyliai fynd i neuadd yn Asgard o'r enw **Valhalla,** lle byddai pawb yn·ymladd drwy'r dydd ac yn gwledda drwy'r nos.

Rhai Duwiau Pwysig

Thor Freyja Odin

THOR, duw'r daran, oedd y duw mwyaf poblogaidd. Roedd yn fyr ei dymer a braidd yn ddwl, ond roedd ganddo galon garedig. Roedd dwy nodwedd a edmygai'r Llychlynwyr yn perthyn iddo — cryfder a phenderfyniad.
FREY oedd yn gofalu bod yr haul yn tywynnu, y glaw yn disgyn a'r cnydau'n tyfu. Roedd ganddo gwch hud yn ei boced a digon o le ynddo i'r duwiau i gyd.

ODIN oedd duw rhyfel. Marchogai geffyl wyth coes. Roedd yn fawr ei wybodaeth, yn ddewr ond twyllodrus.
FREYJA, chwaer Frey. Hi oedd duwies serch a rhyfel. Gallai droi'n aderyn drwy wisgo croen hebog hud.
LOKI, hanner duw a hanner ysbryd tân. Achosai lawer o helbul i'r duwiau eraill.

16

▲ Weithiau, pan fyddai un o
ryfelwyr y Llychlynwyr yn marw,
câi ei gorff ei roi mewn llong hir,
a honno'n cael ei chladdu, neu
ei thanio a'i gwthio allan i'r môr.

▶ Tua diwedd oes y
Llychlynwyr dechreusant ddod
yn Gristionogion. Dyma fowld
o'r ddegfed ganrif ar gyfer llunio
croesau Cristionogol, ond gellid
ei ddefnyddio hefyd i wneud
copïau o forthwyl Thor, **Mjollnir.**

Cartrefi

Nid milwyr, morwyr a masnachwyr yn unig oedd y Llychlynwyr. Ffermwyr yn byw gyda'u teuluoedd ac yn tyfu neu'n llunio'r pethau roedd eu hangen arnynt oedd y rhan fwyaf. Byddai'r plant yn helpu eu rhieni a byddai gan hyd yn oed y plant lleiaf eu gwaith ar y fferm, megis bwydo'r anifeiliaid neu hel coed tân.

Gweithiai'r gwragedd ar y fferm a byddent yn gwehyddu defnyddiau ar gyfer dillad a blancedi ar wŷdd bach. Hwy fyddai'n gofalu am y fferm pan fyddai eu gwŷr yn mynd ymaith i frwydro.

Roedd tai'r Llychlynwyr wedi eu gwneud o estyll pren a changhennau wedi eu plethu, a'u toi â thywyrch neu wellt. Defnyddient gerrig mewn mannau megis Shetland a Gwlad yr Iâ lle roedd coed yn brin. I rannu'r tŷ yn ystafelloedd, byddent yn ymestyn crwyn neu frethyn rhwng y pileri oedd yn cynnal y to.

Byddai fferm nodweddiadol yn cynnwys tŷ'r teulu, neu fwy nag un tŷ os oedd y teulu'n un mawr. Ceid hefyd siediau i'r anifeiliaid, gweithdy yn cynnwys ffwrnais i wneud offer metel, a chytiau bychan i'r caethweision.

Sbwriel!

● Doedd tai'r Llychlynwyr ddim mor lân â'n tai ni. Câi gweddillion bwyd, fel esgyrn a chrafion llysiau, eu gadael ar y llawr drwy'r gaeaf a'u clirio allan yn y gwanwyn.
● Câi'r sbwriel ei gladdu y tu allan.
● Roedd crib gan bob Llychlynwr oherwydd bod ganddynt lau yn eu gwalltiau.

Gêmau

Doedd plant y Llychlynwyr ddim yn treulio'u holl amser yn helpu eu rhieni. Byddai amser ganddynt weithiau i chwarae gêmau ac i gerfio teganau pren. Âi'r bechgyn a'r merched i sglefrio yn y gaeaf gan ddefnyddio sgetiau wedi eu cerfio o esgyrn. Câi'r rhain eu rhwymo ar eu hesgidiau â stribedi o ledr.

Pan fyddai'n rhy oer a thywyll i fynd allan, gallai'r plant chwarae gêm o'r enw **hnefatal.** Gêm fwrdd debyg i wyddbwyll oedd hon ond bod y darnau'n debycach i rai drafftiau.

Crefftau

Roedd y Llychlynwyr yn grefftwyr penigamp. Llunient bethau cain o goed, cerrig a metel. Pobl gyffredin yn hytrach nag artistiaid oedd yn llunio llawer o'r gwrthrychau prydferthaf. Byddai ffermwr yn llunio tlysau yn y ffwrnais a ddefnyddiai i wneud erydr ac offer eraill.

Gan nad oedd banciau ar gael, byddai pobl yn gwisgo eu cyfoeth ar ffurf gemwaith. Dyma'r ffordd orau i'w gadw'n ddiogel.

Câi gofaint barch mawr a byddai llawer ohonynt yn dod yn bur gyfoethog. Prif arf Thor, un o dduwiau pwysicaf y Llychlynwyr, oedd morthwyl gof.

▲ Gwneid rhai gemweithiau yn arbennig i'w claddu gyda pherson marw. Cafwyd hyd i'r freichled hon mewn claddfa.

Llunio Gemwaith Llychlynaidd

Os edrychwch chi ar yr addurniadau ar waith y Llychlynwyr yn y llyfr hwn, fe welwch eu bod yn hoffi defnyddio patrymau cymhleth, plethedig yn eu haddurniadau.

Ceisiwch lunio breichled a phatrymau Llychlynaidd arni. Defnydd da ar gyfer gemwaith yw clai modelu y gellir ei grasu mewn ffwrn.

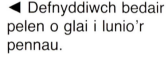

◄ Defnyddiwch bedair pelen o glai i lunio'r pennau.

▼ Rholiwch dri stribed hir o glai a'u plethu.

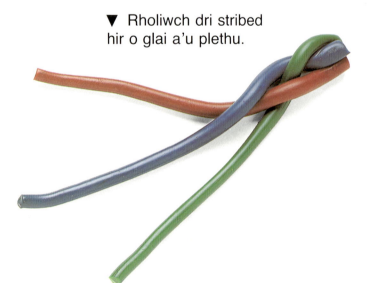

▼ Defnyddiwyd y mowld hwn i wneud rhan o helm. Roedd modd defnyddio'r mowld i osod yr un patrwm ar nifer o helmau.

► Tlws aur i'w hongian am y gwddf fel swyn oedd hwn. Sylwch ar y patrymau cymhleth.

► Defnyddiwyd morthwyl Thor yn symbol ar lawer o emwaith Llychlynaidd. Arian yw defnydd hwn ond roedd rhai yn llawer symlach.

21

Bwyd

Roedd dod o hyd i fwyd yn rhan bwysig o waith y Llychlynwyr. Ychydig o'r tir oedd yn ffrwythlon ac roedd y gaeafau'n hir ac yn galed. Felly, yn ogystal â thyfu a chynhyrchu bwyd ar y fferm, byddent yn hela ac yn pysgota am fwyd. Byddent yn bwyta stiw o gig yr eidionnau a'r defaid a gâi eu magu ar y fferm, neu bysgod a chig morfil. Byddent yn tyfu llysiau fel bresych, pys a ffa ac yn bwyta cennin a garlleg gwyllt.

Defnyddiwyd byrddau trestl ar gyfer prydau bwyd ac eisteddai'r teulu ar y meinciau pren y byddent yn cysgu'r nos arnynt. Defnyddient blatiau pren hirsgwar, bowliau wedi eu cerfio o garreg feddal, llwyau, a'r cyllyll y byddent yn eu gwisgo yn eu gwregysau.

Defnyddiai'r Llychlynwyr gyrn yfed yn ogystal â chwpanau. Gan na ellid gosod corn yfed i sefyll rhaid oedd yfed y cynnwys i gyd cyn ei roi i lawr. Câi ei basio o law i law. Roedd cryn barch i ddyn a allai yfed cynnwys y corn ar ei dalcen! Y ddiod arferol oedd medd oedd wedi ei wneud o fêl a dŵr.

Ffeithiau am Fwyd

● Pan nad oedd grawn ar gael defnyddiai'r Llychlynwyr bys i wneud bara.
● Gwnaent halen drwy ferwi dŵr y môr.
● Dau bryd y dydd a gâi'r Llychlynwyr: **pryd y dydd** ar ôl gorffen y gwaith cynnar a **phryd y nos** ar ddiwedd y dydd.

22

▼ Câi bwyd ei goginio ar dân agored ar yr aelwyd. Câi cig ei rostio ar gigweiniau anferth a châi stiw ei ferwi mewn crochan haearn mawr. Weithiau defnyddid gradell wedi ei gwneud o haearn wedi ei dorchi. Efallai ei bod yn eich atgoffa o ran o stof drydan fodern. Byddent yn crasu bara mewn ffwrn garreg neu yn lludw'r tân.

▼ Câi bowliau eu gwneud o grochenwaith neu o garreg feddal.

Dillad

Brethyn gwlân garw oedd defnydd y rhan fwyaf o ddilladau'r Llychlynwyr, er y byddai rhai o'r cyfoethogion yn gwisgo sidan neu liain wedi eu mewnforio. Gwisgai llawer o bobl ffwr i'w cadw'n gynnes yn y gaeaf.

Gwisgai'r dynion grys isaf, llodrau dan drowsus gwlân llaes, a thiwnig a gyrhaeddai hyd at eu penliniau. Byddai ganddynt wregys lledr am eu canol â phwrs a chyllell arno.

Gwisgai'r merched wisg laes o wlân neu liain a thiwnig gwlân tebyg i ffedog yn cael ei dal â thlysau. Byddent yn cario cyllell ac allweddi ar eu gwregys.

▲ Câi esgidiau eu gwneud o ledr neu groen gafr, â chareiau lledr.

Thor yng Ngwlad y Cewri

Rhan o un o sagâu'r Llychlynwyr yw hon. Mae Thor, duw'r daran, yn mynd ar daith i brofi ei nerth. Roedd teithio ac ymrysonfeydd cryfder yn bethau cyfarwydd iawn i'r Llychlynwyr.

Un dydd o haf, cychwynnodd Thor, Loki a dau o'u gweision ar daith i Utgard, gwlad y cewri. Ar ôl teithio'n hir, daethant at glwydi Utgard ond roedd y clwydi ar glo. Bu Thor yn curo ac yn dyrnu'r clwydi ac yn galw am rywun i ddod i'w hagor, ond gwenodd Loki a gwthio rhwng y barrau gan dynnu'r lleill ar ei ôl. Cerddodd y pedwar i neuadd fawr Utgard. Ar ganol y llawr roedd bwrdd hir a channoedd o gewri yn eistedd ar feinciau o'i amgylch yn bwyta ac yn yfed gan gadw'r sŵn mwyaf byddarol. Dechreuodd y cewri chwerthin pan gerddodd Thor yn hyderus at Frenin y Cewri oedd yn eistedd ar gadair ym mhen pella'r neuadd.

"Henffych, Frenin y Cewri," meddai Thor yn gwrtais.

Eisteddai'r brenin gan gnoi esgyrn ac ni chymerodd unrhyw sylw o Thor. O bryd i'w gilydd taflai asgwrn dros ei ysgwydd a chydio mewn un arall i'w gnoi.

Siaradodd Thor unwaith eto, ychydig yn uwch y tro hwn, "Henffych, Fre. . ."

Torrodd Brenin y Cewri ar ei draws, "A thi yw Thor, duw mawr y daran, aie? Rwyt ti'n edrych yn llipryn bach digon eiddil. Wedi dod yma i brofi dy nerth rwyt ti, mae'n debyg!"

Ffromodd Thor wrth glywed y fath anfoesgarwch, ond gwyddai mai annoeth fyddai colli ei dymer ac yntau ynghanol cewri.

"Pa orchest rwyt ti'n gallu ei chyflawni'n well na ni?" holodd Brenin y Cewri.

Syllodd Thor ar y cewri oedd o'i gwmpas.

"Mae'n amheus gen i all rhywun sydd yma yfed cymaint â fi," atebodd.

Amneidiodd y brenin ar un o'i weision, ac estynnodd hwnnw gorn yfed anferth.

"Dyma'r corn y bydd pob un o'm dilynwyr yn ei ddefnyddio," meddai'r brenin. "Gall yfwr da ei wagio ar un llwnc, a gall pob un sydd yma ei wagio ar ddau ar y mwyaf. Gad inni weld beth all Thor, duw'r daran, ei wneud!"

Cymerodd Thor y corn. Roedd wedi yfed o gyrn mwy na hwn lawer tro. Cododd y corn a dechrau yfed. Roedd yn sicr y byddai'n llwyddo, ond roedd wedi mygu'n lân ymhell cyn iddo allu ei wagio. Edrychodd i mewn i'r corn a gweld ei fod cyn llawned ag erioed. Yfodd eilwaith, ond unwaith eto bu'n rhaid iddo aros i gael ei anadl. Roedd y corn wedi gwagio ryw fymryn bach. Yfodd eto gan ddrachtio a drachtio nes teimlo'n sicr na fyddai diferyn ar ôl, ond er bod llai ynddo nag o'r blaen doedd y corn ddim wedi ei wagio o bell ffordd.

"Mae'n amlwg nad wyt ti'n llawer o yfwr," meddai Brenin y Cewri. "Beth am iti ddangos dy gryfder inni? Bydd rhai o'r cewri ieuengaf yn hoffi dangos eu nerth drwy godi'r gath yma. Dydy hi'n fawr o gamp, ond efallai yr hoffet ti roi cynnig arni."

Roedd y gath fwyaf a welsai Thor erioed yn sefyll wrth ochr cadair y brenin. Rhoddodd Thor ei freichiau o dan y gath ac ymdrechu â'i holl nerth i'w chodi. Y cwbl a wnaeth y gath oedd codi mymryn ar ei gwrychyn. Gwnaeth Thor un ymdrech fawr arall a llwyddo i wneud i'r gath godi un bawen oddi ar y llawr cyn gorfod cyfaddef ei fod wedi cael ei drechu.

"Fel roeddwn i'n amau," gwawdiodd y brenin. "Efallai dy fod ti'n gryf yn Asgard ac

26

ymhlith dynion, ond dyw dy nerth di'n werth dim yma."

Ffromodd Thor. "Fe alla i drechu unrhyw un o dy ddynion di mewn gornest ymaflyd codwm," heriodd.

Daeth rhu o chwerthin o du'r cewri.

"Mae pawb yma'n teimlo y byddai ymaflyd codwm â thi yn rhy hawdd," meddai Brenin y Cewri. "Beth am iti ymladd yn erbyn Elli, fy mam faeth i?"

Herciodd hen wraig gefngrwm ar bwys ei ffon at Thor. Tybiai Thor mai gwneud hwyl am ei ben roedd y brenin, ond yna taflodd Elli ei ffon o'r neilltu a chydio ynddo. Y funud honno gwyddai nad gwaith hawdd fyddai ei threchu. Bu'r ddau'n ymladd yn galed, ond o'r diwedd llwyddodd Elli i gael Thor ar ei liniau.

"Dyma ddigon!" gwaeddodd y brenin. "Rwyt ti wedi profi nad oes gen ti ddigon o nerth i ymaflyd codwm chwaith. Gan nad wyt ti'n debyg o wneud unrhyw niwed inni, mae croeso iti fwyta a threulio'r nos yma yn Utgard."

Roedd Thor a'i gymdeithion ar lwgu ac wedi blino'n lân ar ôl eu siwrnai faith. Wedi iddynt fwyta, gwthiwyd y bwrdd o'r neilltu a chysgodd y pedwar ar y llawr ymhlith y cewri.

Thor oedd y cyntaf i ddeffro yn y bore.

28

Roedd y cewri i gyd yn chwyrnu'n fyddarol.

"Dewch cyn i'r cewri ddeffro," sibrydodd wrth ei gymdeithion.

Cerddodd y pedwar ar flaenau eu traed dros gyrff y cewri a brysio allan drwy glwydi Utgard. Er syndod iddynt roedd Brenin y Cewri yno'n aros amdanynt. Daeth i'w hebrwng ar eu taith.

O'r diwedd arhosodd a dweud, "Mae'n rhaid i mi eich gadael yn awr. Gobeithio nad wyt ti'n teimlo'n rhy ddigalon, Thor, oherwydd dy fethiant neithiwr."

Doedd Thor ddim yn deall. "Chefais i erioed fy nhrechu fel yna o'r blaen," meddai.

"Ond chefaist ti mo dy drechu drwy deg," atebodd y brenin. "Roedd arna i ofn dy gryfder di, ac felly defnyddiais driciau hud. Roedd gwaelod y corn yfed yn y môr, a phan gyrhaeddi di'r traeth fe gei di weld fod lefel y môr wedi gostwng llawer. Y sarff enfawr sydd wedi ei dolennu ei hun o amgylch y byd oedd y gath, ac fe lwyddaist i wneud i'w chefn gyffwrdd yr awyr. Ac mae'n rhyfeddod iti wrthsefyll Elli am gymaint o amser. Elli yw henaint, ac mae henaint yn trechu pob dyn yn y diwedd."

Roedd Thor yn gynddeiriog. Cydiodd yn ei forthwyl, Mjollnir, a'i chwifio o amgylch ei ben, ond doedd dim golwg o Frenin y Cewri nac o Utgard chwaith yn unman.

Sut y Gwyddom?

Sut rydyn ni'n gwybod cymaint am fywyd pob dydd y Llychlynwyr er eu bod yn byw dros fil o flynyddoedd yn ôl?

Tystiolaeth o'r Tir

Cafwyd hyd i rai pethau a oedd wedi cadw'n dda mewn tir gwlyb neu mewn dŵr. Pethau wedi eu taflu am eu bod wedi torri neu am nad oedd eu hangen yw llawer o'r rhain. Mae archaeolegwyr wedi eu hastudio i weld sut roedd y Llychlynwyr yn eu defnyddio.

Claddwyd rhai Llychlynwyr pwysig mewn llongau gyda llawer o'u heiddo. Pan geir hyd i un o'r rhain caiff archaeolegwyr afael ar lawer o wybodaeth am y Llychlynwyr.

Tystiolaeth Llyfrau

Ysgrifennwyd rhai o sagâu'r Llychlynwyr, felly mae modd darllen am y duwiau pwysig ac am rai pobl hanesyddol. Rydyn ni hyd yn oed yn gwybod i Eirik Goch roi'r enw Grønland (Y Tir Glas) i'r wlad honno ar ôl ei darganfod, er gwaetha'i hoerfel rhewllyd, gan y "byddai llawer yn dymuno mynd yno pe bai ganddi enw mor addawol".

Tystiolaeth o'n Cwmpas

Enwau Llychlynaidd oedd enwau llawer o leoedd yn Ewrop yn wreiddiol, felly gallwn ddweud ymhle roedd y Llychlynwyr wedi ymsefydlu.

Roedd pob rhan o Normandie yn Ffrainc wedi eu goresgyn gan y Llychlynwyr; tir y Northmyn yw ystyr yr enw.

Ceir enwau lleoedd "Saesneg" yng Nghymru yn diweddu â'r ffurfiau Llychlynaidd "ey" (ynys), "holm(r)" (ynys) a "gard(r)" (glanfa). Ble mae'r lleoedd hyn, tybed?

Geirfa

Althing
Prif senedd Gwlad yr Iâ.

Asgard
Credai'r Llychlynwyr mai dyma gartref eu duwiau.

Caergystennin
Dinas fawr a chyfoethog a oedd yn brifddinas yr Ymerodraeth Fysantaidd — ymerodraeth gref yn oes y Llychlynwyr. Enw presennol y ddinas yw Istanbul.

cilbren
Y darn hir o bren ar waelod llong sy'n ei helpu i gadw cydbwysedd.

faering
Y math lleiaf o long Lychlynaidd, â phedair rhwyf.

Futhark
Yr wyddor rwnig a ddefnyddid yn Llychlyn. Daw'r gair o sain y chwe llythyren gyntaf.

Gwarchodlu Varangaidd
Adran Lychlynaidd ym myddin Bysantiwm. Roedd yn gyfrifol am warchod yr ymerawdwr.

gwŷr rhydd
Y dynion nad oeddynt yn gaethweision. Pobl wedi eu dal mewn ymgyrchoedd oedd y caethweision fel rheol.

hnefatal
Gêm fwrdd a chwaraeid gan y Llychlynwyr.

llong hir
Y math o long hir isel a ddefnyddiai'r Llychlynwyr.

Llychlyn
Y grŵp o wledydd sy'n cynnwys Denmarc, Norwy, Sweden a Gwlad yr Iâ.

llythrennau rwnig
Llythrennau gwyddor draddodiadol y Llychlynwyr. Fe'u ffurfir o linellau syth gan eu bod wedi eu bwriadu i'w cerfio ar bren neu garreg.

Mjollnir
Morthwyl Thor. Byddai'n ei gario bob amser.

Northmyn
Dyma'r enw mwyaf cyffredin a roddwyd ar y Llychlynwyr gan y rhan fwyaf o'r bobl a fyddai'n masnachu gyda hwy neu'n dioddef eu hymosodiadau.

pryd y dydd
Pryd cyntaf y dydd ar ôl gorffen y gwaith cynnar ar y fferm.

pryd y nos
Pryd ar ôl gorffen gwaith y dydd pan fyddai'r nos yn dod.

saga
Stori lafar am anturiaethau duwiau neu arwyr. Cafodd llawer o'r sagâu eu hysgrifennu i lawr a'u cadw.

Valhalla
Y neuadd yn Asgard lle y gobeithiai rhyfelwyr fynd ar ôl marw. Yno caent ymladd drwy'r dydd a gwledda drwy'r nos.

Mynegai